Erwin Schiemenz

Bewährte Geschäftsmodelle im Bereich der IT-Services für Finanzdienstleister

Strategien und Erfolgsfaktoren für die Umsetzung von E-Finance

GRIN Verlag

Bibliografische Information der Deutschen Nationalbibliothek:

Die Deutsche Bibliothek verzeichnet diese Publikation in der Deutschen National-
bibliografie; detaillierte bibliografische Daten sind im Internet über http://dnb.d-
nb.de/ abrufbar.

Impressum:

Copyright © 2011 GRIN Verlag GmbH
Druck und Bindung: Books on Demand GmbH, Norderstedt Germany
ISBN: 978-3-656-09833-1

Dieses Buch bei GRIN:

http://www.grin.com/de/e-book/185051/bewaehrte-geschaeftsmodelle-im-bereich-
der-it-services-fuer-finanzdienstleister

FAKULTÄT FÜR INFORMATIK

DER TECHNISCHEN UNIVERSITÄT MÜNCHEN

Seminararbeit zum

Hauptseminar im Wintersemester 2010/11

Business Models for IT Services

in TUM-BWL

Bewährte Geschäftsmodelle im Bereich der IT-Services: Finanzdienstleister

Bearbeiter: Erwin Schiemenz

Abgabedatum: 10.01.2011

Inhaltsverzeichnis

Abbildungsverzeichnis

Abkürzungsverzeichnis

CFD	Contract for Difference
DKB	Deutsche Kreditbank AG
EUR	Euro
IKT	Informations- und Kommunikationstechnik
IT	Informationstechnologie
XETRA	Exchange electronic Trading

1 Einleitung

1.1 Zielsetzung

Diese Seminararbeit widmet sich dem Thema E-Commerce im Finanzdienstleistungssektor. Nach einer genaueren Definition der Begriffe Geschäftsmodell, Finanzdienstleistung und E-Commerce werden beispielhaft aktuelle Geschäftsmodelle vorgestellt und analysiert, wobei der Fokus bedingt durch Umfang und Tiefe der Seminararbeit auf dem Wertpapierhandelsbereich liegt. Anschließend werden Gründe für den besonderen Erfolg der Geschäftsmodelle vorgestellt.

1.2 Begriffsdefinitionen

1.2.1 Geschäftsmodell

Ein Geschäftsmodell ist die Abbildung des betrieblichen Produktions- und Leistungssystems in einem Unternehmen. Dabei visualisiert das Geschäftsmodell, wie Ressourcen im betrieblichen Leistungserstellungsprozess wertschöpfend in Informationen, Produkte oder Dienstleistungen transformiert werden. Des Weiteren enthält das Geschäftsmodell Informationen über die Allokation und Kombination von Produktionsfaktoren in Bezug auf die Umsetzung der Unternehmensstrategie. Darauf aufbauend charakterisiert ein internetbasiertes Geschäftsmodell die Berührungspunkte des Unternehmens mit dem Internet und anderen elektronischen Netzen. Derartige Geschäftsmodelle werden erst durch das Internet ermöglicht (Maaß 2008, 29).

1.2.2 Finanzdienstleistung

Der Begriff Finanzdienstleistung umfasst im Wesentlichen nach Bitz/Stark (2008, 15) alle Transaktionen, bei denen Finanzintermediäre zwischen Geldgebern und Geldnehmern agieren. In geldwirtschaftlich organisierten Marktsystemen kommt es täglich vor, das Individuen beispielsweise für die Beschaffung von Produktionsfaktoren oder zum persönlichen Konsum, die Absicht haben, mehr Geld auszugeben, als ihnen im Moment der Entscheidung zur Verfügung steht. Gleichzeitig existieren auf der Gegenseite Wirtschaftssubjekte, die beabsichtigen, einen Teil der ihnen zur Verfügung stehenden finanziellen Mittel nicht zu verwenden, mit dem Bedürfnis, diese Zahlungsmittelüberschüsse möglichst sicher und rentabel anzulegen. In diesem Fall treten Finanzintermediäre als Makler zwischen Geldgebern und Geldnehmern auf, indem sie Dienstleistungen für die Abwicklung der Transaktionen bereitstellen. Parallel dazu übernehmen die Finanzintermediäre auch noch die Funktion der

Fristen- und Mengentransformation, reduzieren die Informationsasymmetrie des Marktes und streuen das Risiko. Im weiteren Sinne sind nach Bitz/Stark (2008, 16) insbesondere

- Kreditinstitute
- Bausparkassen
- Kapitalanlagegesellschaften
- Leasing- und Factoringunternehmen
- Kapitalbeteiligungsgesellschaften etc.
- Anbieter von Kapital-Lebensversicherungen

in die Kategorie der Finanzdienstleister einzuordnen.

1.2.3 E-Commerce und M-Commerce

Als E-Commerce wird der elektronische Handel mit Gütern und Dienstleistungen verstanden, bei dem moderne Informations- und Kommunikationstechnologie (IKT) zum Einsatz kommt (Maaß 2008, 2). Als Teilmenge von E-Commerce ist M-Commerce ist eine weiterentwickelte Technologie, mit deren Hilfe von drahtlosen Geräten auf Informationen und (kommerzielle) Dienste zugegriffen werden kann. Die räumliche Abhängigkeit fällt somit völlig weg. Dieser Technologie wird zukünftig eine große Bedeutung zukommen, da gerade im Bereich der Finanzdienstleistungen enormes Potenzial für die Umsetzung besteht, insbesondere beim Zahlungsverkehr (Kolbe et al. 2001, 76-77).

2 Methodik - Literaturteil

2.1 Beschreibung der Vorgehensweise

Bei der Erstellung dieser Seminararbeit wurde auf klassische Literatur, wissenschaftliche Artikel und Angaben der untersuchten Finanzdienstleister zurückgegriffen. Für die Beurteilung des Erfolges der Geschäftsmodelle wurden unter anderem der Marktanteil des Unternehmens und seine Profitabilität herangezogen.

2.2 Suche nach wissenschaftlichen Artikeln

Ziel der Suche nach wissenschaftlichen Artikeln zum Seminarthema war sowohl die Identifikation von Thesen über die historische und zukünftige Entwicklung der Branche als auch die Identifikation der kritischen Erfolgsfaktoren für die internetbasierten Geschäftsmodelle der Finanzdienstleister. Grundsätzlich wurden die elektronischen Datenbanken der Anbieter

- Google Scholar
- GRIN
- SpringerLink
- EconStor

durchsucht. Bei der Suche wurde eine Reihe von Schlagwörtern benutzt, die für eine möglichst hohe Zahl an relevanten Suchergebnissen vielversprechend erschien. Die erhaltenen Titel wurden im nächsten Schritt auf inhaltliche Relevant geprüft. Erschien neben dem Titel auch die Kurzbeschreibung (Abstract) vielversprechend, so wurde der Artikel in die Literaturliste aufgenommen (siehe Anhang 2). Im letzten Schritt wurden die Artikel unter der anfangs beschriebenen Zielstellung durchgearbeitet und verwendet.

3 IT-gestützte Geschäftsmodelle im Finanzdienstleistungssektor

E-Finance ist die Bereitstellung von Finanzdienstleistungen und Märkten unter der Nutzung von (IKT) (Allen/McAndrews/Strahan 2002, 6). Märkte sind beispielsweise elektronische Handelsplätze wie Wertpapierbörsen und Auktionshäuser, die tendenziell nicht mehr durch laterale Grenzen beschränkt werden. Damit wird quasi jedes traditionelle Geschäftsmodell eines Finanzdienstleisters, welches sich ganz- oder teilweise die IKT zu Nutze macht, zu einem IT-gestützten Geschäftsmodell.

3.1 Historische Entwicklung und aktuelle Trends

Bereits Ende der 1960er Jahre setzte die Massenautomatisierung im Finanzdienstleistungssektor ein, was jedoch in erster Linie die Struktur des Backoffice sowie interne Strukturen beeinflusste (Allen/McAndrews/Strahan 2002, 15). Der Siegeszug des Internets in den 1990er Jahren hat das Finanzdienstleistungsgeschäft auch nach außen signifikant verändert. Die zuvor geschäftsnotwendige physische Präsenz des Finanzintermediärs, beispielsweise durch ein Filialnetz einer Bank, ist heutzutage für die meisten Dienstleistungen nicht mehr erforderlich. Die traditionelle Infrastruktur, insbesondere bei beratungsarmen Dienstleistungen, wird mehr und mehr durch eine elektronische Infrastruktur ersetzt. Gleichzeitig entstehen durch den Einsatz von IKT in- und außerhalb der

3

Finanzdienstleister völlig neue Geschäftsmodelle, wie etwa die maschinelle Kreditentscheidung in Banken und Data-Mining-Ansätze, bei denen mit Hilfe von IKT statistische Daten über Kundenverhalten gesammelt, und anschließend vermarktet werden können.

Ein weiterer wichtiger Trend ist das sog. „Differential Pricing". Hier wird der einzelne Kunde differenziert in Bezug auf seine Profitabilität betrachtet unter dem Aspekt der Nutzungsintensität, dem mit ihm verbundenen Risiko für das Unternehmen, und dem zu erwartenden Geschäftsvolumen (Clemons et al. 2002, 75). Sinn und Zweck ist es, die gewünschten Kunden anzuziehen und die Profitabilität zu erhöhen. So erhalten beispielsweise auch in anderen Branchen Intensivnutzer einer Dienstleistung oder eines Produktes Rabatte und Prämien, um an das Unternehmen gebunden zu werden.

Des Weiteren existiert ein Trend zur Disintermediation, wobei hiervon vor allem der Bereich des Wertpapierhandels betroffen ist. Gleichzeitig sorgt das Internet für immer mehr Transparenz, was beispielsweise Preise für Dienstleistungen angeht. Für die Zukunft wird davon ausgegangen, dass M-Commerce ein wesentlicher Wachstumsfaktor und Werttreiber der Industrie sein wird (Kolbe et al. 2001, 76).

Generell ist zu beobachten, dass Finanzdienstleistungen unterschiedlich stark für E-Commerce geeignet sind (Claessens/Glaessner/Klingebiel 2002, 40).

3.2 Aktuelle Geschäftsmodelle

Im folgenden Abschnitt werden aktuelle Geschäftsmodelle aus dem Banken-, Brokerage-, Versicherungs- und Transactionsektor vorgestellt. Es wird hierbei jeweils kurz das Leistungsspektrum umrissen und besondere Merkmale des jeweils untersuchten Geschäftsmodells herausgestellt.

3.2.1 Geschäftsmodelle aus dem Bankensektor

Online-Banking, die Erledigung von Bankgeschäften über einen Internetzugang, ist bereits ein weit verbreitetes Geschäftsmodell. Wie Abbildung 1 verdeutlicht, ist der Anteil des Online-Bankings in den letzten Jahren deutlich angestiegen.

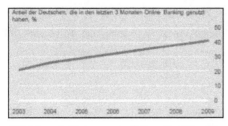

Abbildung 1: Nutzerquote Online-Banking (Quelle: In Anlehnung an Meyer (2010, 18))

Derartige Geschäftsmodelle haben nicht nur für Privatkunden Bedeutung. Auch das Geschäft mit Firmenkunden, etwa für das Zahlungsmittelmanagement und die elektronische Beantragung von Krediten sind aus dem Alltag nicht mehr wegzudenken (Stehling/Moormann 2001, 4-8). Trotz dieser Entwicklung setzen weiterhin viele Marktteilnehmer auf eine Mehrkanalstrategie (Lindstädt/Habermann 2003, 460), bei der sowohl ein konventionelles Filialnetz als auch Online-Banking etc. als Kundenzugang dienen (Klein 2006, 63).

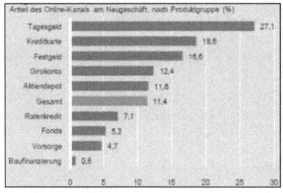

Abbildung 2: Neugeschäft bei Internetabschlüssen (Quelle: In Anlehnung an Meyer (2010, 18))

Abbildung 2 zeigt, dass bei den Bankprodukten besonders beratungs- und servicearme Produkte erfolgreich online vermarktet werden können. Das beliebteste Produkt ist hier das Tagesgeldkonto, ein Anlagekonto, bei dem in der Regel das überlassene Geld täglich wieder abgehoben werden kann, ohne dass Gebühren entstehen.

Im Folgenden wird als Beispielunternehmen die Deutsche Kreditbank AG (DKB) herangezogen. Genauso könnte für diese Betrachtung jedoch auch jede andere Bank, welche grundlegende Dienste für die Erledigung von Finanztransaktionen bereitstellt, gewählt werden.

5

Die DKB, eine Direktbank, die ihren Kundenkontakt weitestgehend über das Internet und telefonisch abwickelt, zählt mit mehr als 2 Millionen Privatkunden zu den wichtigsten Anbietern in Deutschland. Neben Zahlungsverkehrskonten werden außerdem Privatdarlehen und Immobilienfinanzierungen sowie begrenzte Leistungen für Firmenkunden angeboten.

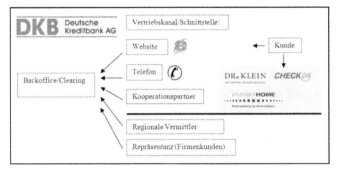

Abbildung 3: Geschäftsmodell der DKB (Quelle: Eigene Darstellung)

Das weitestgehend internetbasierte Geschäftsmodell sieht vor, das Kunden den Abschluss von Verträgen sowohl direkt über die Website der DKB, als auch über Kooperationspartner durchführen können. Kooperationspartner in diesem Sinne sind internetbasierte Finanzportale wie z.b. Dr. Klein[1], die über Werbung und Vergleichsfunktionen Kunden über die Produkte informieren und für einen Abschluss werben. Im Falle des Zustandekommens eines Kontaktes erhalten die Kooperationspartner hierfür eine Provision (DKB 2010, o.S). Abbildung 3 verdeutlicht vereinfacht die Interaktion zwischen der DKB und ihren Kunden. Zukünftig wird

Front-Office		Products/Services		Back-Office
Customer Contact	**Financial Advisory**	**Financial Products**		**Clearing & Settlement**
◻ Branches	◻ Directed Advisory	◻ Loans	◻ Risk Mgmt.	◻ Payments
◻ Online channels	◻ Undirected Advisory	◻ Deposits	◻ Derivatives	◻ Securities
◻ POS	◻ Asset Management	◻ Insurance	◻ Mutual Funds	◻ Derivatives
◻ Call-Center	◻ Research	◻ Securities	◻ Structured Finance	◻ Accounts
		◻ Cash	◻ Cash Mgmt.	◻ Depots
		◻ Account&Depot Management		
		◻ Custody		

Abbildung 4: Grundaktivitäten einer Bank (Quelle: In Anlehnung an Kolbe et al. (2001, 78))
M-Commerce eine immer größere Rolle im Bankgeschäft spielen, da durch dieses Modell

---

[1] www.drklein.de

weitere Kosteneinsparungen in der Administration und im Vertrieb ermöglicht werden. Vor allem im mobilen Zahlungsverkehr wird ein enormes Potenzial vermutet. Abbildung 4 zeigt die traditionellen Tätigkeiten einer Bank. Die unterstrichenen Dienstleistungen zeigen die Geschäftsfelder, für die zukünftig das größte Potenzial im Bereich des M-Commerce vermutet wird, wobei hier vor allem weniger beratungsintensive Produkte sowie Informationsdienste hervorstechen (Kolbe et al. 2001, 76-78).

3.2.2 Geschäftsmodelle aus dem Transactionsektor

Ein Beispiel für ein erfolgreiches Geschäftsmodell im Bereich Transaction-Banking (Zahlungsverkehr), als Teilmenge des Online-Banking, ist der Zahlungsverkehrsdienst PayPal. Das von eBay gegründete Unternehmen ist ein spezialisierter Anbieter von Bezahlsystemen und wurde ursprünglich gestartet um den Zahlungsverkehr nach beendeten Online-Auktionen zu unterstützen. Mittlerweile hat sich der Dienst über die Grenzen von eBay hinaus zu einem wichtigen Standard für die Bezahlung im gesamten Web entwickelt. PayPal bietet den Kunden die Möglichkeit, ein Konto über die eigene E-Mail-Adresse zu eröffnen und so grenzüberschreitend Zahlungen zu leisten und zu empfangen. Der Vorteil für den Kunden ist in erster Linie die Zahlungsgeschwindigkeit, da gesendete Beträge sofort für den Empfänger sichtbar sind, und die Universalität des Dienstes, da quasi jeder Kunde bei der gleichen Bank angesiedelt ist, und keine Recherche über Bankverbindungsdaten etc. erfolgen muss. PayPal wickelt die Aufträge weitestgehend elektronisch ab, es entfallen lediglich geringe Kosten auf das Kundenmanagement wie etwas das Forderungsmanagement (PayPal 2010, 1).

Es wird zukünftig weiterhin mit einem Wachstum von derartigen Unternehmen gerechnet. So planen beispielsweise Google und Facebook die Einführung von ähnlichen Bezahlsystemen (Kühner 2010, 8).

3.2.3 Geschäftsmodelle aus dem Brokeragesektor

Als Broker bezeichnet man Wertpapierhandelsgesellschaften, die für ihre Kunden in eigenem Namen, und für fremde Rechnung Wertpapiere kaufen und verkaufen (Harris 2002, 7). Dabei stellt der Broker die Schnittstelle zwischen dem Kunden und der jeweiligen Wertpapierbörse dar. In der Vergangenheit wurden derartige Handelsaufträge hauptsächlich telefonisch und persönlich an den Broker herangetragen. Dadurch entstanden insbesondere bei professionellen

Anlegern hohe Transaktionskosten, da die ständige Interaktion zwischen Händler und Kunden besonders kostenintensiv war (Allen/McAndrews/Strahan 2002, 9). Der Wandel des Geschäfts ist nun allgegenwärtig und Online-Broker haben ihren Marktanteil signifikant gesteigert. Der Trend zur Disintermediation und Differential Pricing ist hier am deutlichsten zu erkennen.

Das neue, IT-gestützte Geschäftsmodell, bei dem der Kunde seine Aufträge nur noch elektronisch erteilt, wurde erst durch die Automatisierung und Digitalisierung der weltweiten Märkte, und den Siegeszug des Internets möglich. Einerseits findet heutzutage quasi ausnahmslos ein elektronischer Handel von Wertpapieren in den Industrienationen (Dabous/Rabhi 2008, 34) statt, bei dem Handelssysteme wie XETRA[2] traditionelle Parkettbörsen verdrängt haben. Diese Entwicklung brachte eine erhebliche Senkung der Transaktionskosten mit sich. Die zweite Komponente, die durch die elektronische Auftragserteilung durch den Kunden über das Internet definiert ist, führte zugleich zu einer weiteren Kostensenkung. Dies ermöglichte deutlich niedrigere Preise für die Ausführung von derartigen Aufträgen, da kein Personal, und ein deutlich niedrigerer administrativer Aufwand für die Abwicklung erforderlich war.

So sind beispielsweise die Handelsgebühren für eine Order bei einem Direktanbieter, wie z.B. Flatex um bis zu 95%[3] niedriger als z.B. bei einer klassischen Filialbank. Dies führt, insbesondere für besonders aktive Kunden zu einer deutlichen Kostenersparnis. Durch die signifikant niedrigeren Transaktionskosten wurde es auch für Marktteilnehmer mit einem geringeren Vermögen wirtschaftlich möglich, innerhalb eines Tages mehrere Transaktionen durchzuführen (Heavytrading/Daytrading). Dieses Geschäftsmodell ist ein Beispiel dafür, wie durch die Weiterentwicklung der IKT ein völlig neuer Geschäftszweig entsteht (Preissl 2003, 3f.). Ein Nachteil ist jedoch die noch fehlende Beratungsmöglichkeit für den Kunden. Eine Aufhebung dieses Mangels dürfte zukünftig gewinnversprechend sein, da so weitere, vor allem ältere Kunden gewonnen werden könnten. Bemerkenswert in diesem Zusammenhang ist, dass bislang kaum eine länderübergreifende Integration und Konsolidierung des Marktes

---

[2] XETRA (Exchange Electronic Trading) ist das elektronische Handelssystem der Börse Frankfurt, s. http://deutsche-boerse.com/dbag/dispatch/de/listcontent/gdb_content_pool/cms_data/07_central_pages/60_overview_pages/cp_s p_overview_xetra.htm
[3] Bezogen auf eine limitierte Aktienorder über 10.000,00 EUR, ohne Berücksichtigung der Börsenplatzentgelte, welche bei beiden Anbietern gleich hoch sind. Verglichen wurde die Commerzbank mit 105,00 EUR Gebühren und Flatex mit 5,00 EUR Gebühren. Die Gebühren wurden dem jew. Preisaushang entnommen.

stattgefunden hat, obwohl diese unter Rationalisierungsaspekten betriebswirtschaftlich sinnvoll sein dürfte. Grund hierfür könnte eine grundsätzliche Inlandspräferenz der Kundschaft sein (Schüler 2002, 17).

Das Geschäftsmodell von Flatex sieht eine ausschließliche Spezialisierung auf das beratungslose Wertpapierhandelsgeschäft vor. Hierbei wird dem Kunden dauerhaft der Handel in allen Anlageklassen, insbesondere der Handel mit Differenzkontrakten (CFD) ermöglicht. Dem Kunden wird gleichzeitig in einem dauerhaften Discount-Preismodell für jede Transaktion ein Festpreis berechnet, was den teilweise enormen Kostenunterschied zu konventionellen Anbietern erklärt. Der Kunde hat bei der Ausführung die Wahl zwischen einer der deutschen Wertpapierbörsen oder einer außerbörslichen Ausführung, wodurch wiederum Kostenvorteile entstehen können. Flatex selbst übernimmt nicht die wertpapiertechnische Ausführung der Kundenaufträge, sondern leitet diese an seine Kooperationspartner weiter. Ebenso unterhält Flatex selbst keine Konten für den Kunden. Die Verwaltungs- und

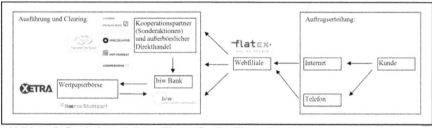

Abbildung 5: Geschäftsmodell von Flatex (Quelle: Eigene Darstellung)

Clearingfunktionen sind vollständig ausgelagert. Flatex stellt somit selbst nur das Webinterface („Webfiliale") zur Verfügung. Damit ist die Gesellschaft nach eigenen Angaben besonders schwankungsunabhängig von der Marktlage und den Trends bei neuen Wertpapierprodukten. Abbildung 5 verdeutlicht schemenhaft das Geschäftsmodell unter Berücksichtigung aller wesentlichen Akteure. Erlösquellen sind in diesem Geschäftsmodell die Provisionen (Gebühren), die von den Kunden gezahlt werden sowie Vergütungen der Kooperationspartner bei einem Zustandekommen eines Geschäfts über Flatex (Flatex 2010a, o.S.).

Der Erfolg dieses Geschäftsmodells ist in zweierlei Hinsicht erkennbar: So stieg der Provisionserlös (netto) aus Wertpapierhandelsaufträgen von 392.000,00 EUR im Jahr 2006 auf

8.649.699,00 EUR (Flatex 2010b, 33). Für das Geschäftsjahr 2010 wird ein Provisionserlös von 14,3 Mio. EUR erwartet (Flatex 2010c, 8). Gleichermaßen rasant stieg das verwaltete Kundenvermögen zwischen 2006 und 2010 von 194 Mio. EUR auf 1.699 Mio. EUR (Flatex 2010c, 8).

3.2.4 Geschäftsmodelle aus dem Versicherungssektor

Das Versicherungsgeschäft weist im Gegensatz zum Bank- und Brokeragegeschäft noch eine relativ niedrige Durchdringung in Bezug auf E-Finance als Vertriebskanal auf (Allen/McAndrews/Strahan 2002, 9). Nach Wirtz (2001, 173) existiert ein Zusammenhang zwischen Komplexität und Transaktionsvolumen eines Versicherungsproduktes, und dessen

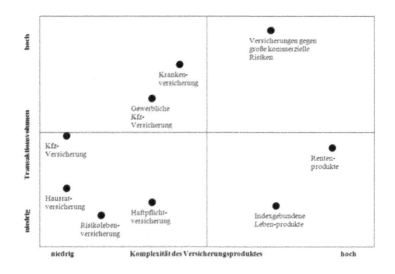

Abbildung 6: Matrix der Versicherungsprodukte in Bezug auf Transaktionsvolumen und Komplexität (Quelle: In Anlehnung an Wirtz/Vogt/Denger (2001, 173))

elektronischer Vermarktungsfähigkeit. Abbildung 6 verdeutlicht diese Parameter. Dabei wird vermutet, dass vor allem Produkte mit einer niedrigen Komplexität und einer niedrigen Transaktionshäufigkeit (Interaktion zwischen Kunde und Intermediär) für E-Commerce prädestiniert sind. Im Gegensatz dazu ist das Kapitallebensversicherungsgeschäft durch eine höhere Komplexität und eine deutlich längere Produktlaufzeit gekennzeichnet (Wirtz/Vogt/Denger 2001, 173). Der Marktanteil bei Kapitallebensversicherern liegt

10

beispielsweise für die traditionellen Anbieter immer noch bei über 80% (Statista 2010, o.S.), was diese These bestätigt.

Es ist jedoch ein deutlicher Trend in Bezug auf weniger komplexe Produkte, wie z.B. Kfz-Versicherungen zu beobachten: Der Marktanteil der Direktversicherer ist bereits signifikant, und dürfte zukünftig steigen. Am Beispiel des Direktversicherers Huk24 wird dies deutlich: Der Direktversicherer hat mit über 2,5 Mio. Verträgen im Kfz-Versicherungsgeschäft bereits allein einen Marktanteil von rund 8% in Deutschland. Als Gründe hierfür werden vor allem die niedrigen Versicherungsbeiträge und der ausgeprägte Service genannt (HUK-Coburg 2010, 23).

4 Schlussfolgerungen: Gründe für den Erfolg der Geschäftsmodelle

4.1 Gemeinsame Erfolgsfaktoren

Trotz der Heterogenität der einzelnen Dienstleistungen in den vier vorgestellten Bereichen gibt es auch Gemeinsamkeiten bei den Erfolgsfaktoren: Transparenz über die Transaktionen an sich und deren Zustandekommen am Markt sind nach Clemons et al. (2002, 74) ein wichtiger Werttreiber für den Erfolg eines Marktes, und sollte deswegen als Grundvoraussetzung betrachtet werden. Das Internet und die elektronischen Märkte werden als Transparenz-fördernd angesehen. Ebenfalls in allen Geschäftszweigen erfolgsversprechend ist der Differential Pricing-Ansatz, bei dem die „Wunschkunden", welche die höchste Profitabilität versprechen, mit den attraktivsten Konditionen umworben werden. Der Grad der Komplexität der Dienstleistung ist entscheidend für die elektronische Vertriebs- und Servicefähigkeit von Finanzdienstleistungen. Je geringer die Komplexität und Serviceintensität des Produktes ist, desto höher ist seine Eignung für E-Finance-Anwendungen (Claessens/Glaessner/Klingebiel 2002, 40).

Ein weiteres Qualitäts- und Erfolgskriterium ist die Gewährleistung der Sicherheit der implementierten Schnittstellen. So lehnt die Mehrheit der Bankkunden, die noch kein Online-Banking nutzen, dies ab, weil sie Online-Banking für zu unsicher halten (Stopka/Urban 2005, 5). Im Umkehrschluss kann behauptet werden, dass mit dem Bekanntwerden von Sicherheitslücken in den Systemen der Anbieter die Wechselbereitschaft der Kunden steigt und die Zufriedenheit gleichzeitig sinkt. Anforderungen an Web-Informationssysteme sind

11

zusätzlich: Sicherheit, ständige Verfügbarkeit, Effizienz, Navigierbarkeit und eine leichte Erlernbarkeit (Stopka/Urban 2005, 9f.). Ebenfalls bedeutend scheint die Stellung der Marken. Gerade im Online-Banking legen Kunden einen hohen Wert auf eine etablierte, bekannte Unternehmung bei der Wahl des Anbieters (Meyer 2010, 22).

4.2 Einzelbetrachtung der Modelle

Für den Erfolg im Brokerage wird in erster Linie eine niedrige Kostenstruktur vermutet (Kolbe et al. 2001, 78). Diese These kann durch das Beispiel von Flatex eindeutig belegt werden. Flatex zählt zu den günstigsten Anbietern in Deutschland und kann hohe Wachstumsraten im Umsatz und beim verwalteten Vermögen verzeichnen. So überrascht es nicht, das bei den Gründen für die Brokerwahl das Preismodell mit 57% als der Wichtigste Grund angegeben wird, gefolgt vom Image (42%), und dem Webauftritt (37%). Sonderaktionen und Zusatzangebote spielen nur eine untergeordnete Rolle. Wichtiger ist hingegen Funktionsumfang der Website, bei dem Mängel einen wichtigen Grund für einen Wechsel darstellen (Kundisch/Krammer 2006, 25).

Bei den Zahlungsverkehrsdienstleistern wird vermutet, dass grundsätzlich eine hohe Ausbreitung, im besten Fall eine Monopolstellung zum Erfolg führt (Kolbe et al. 2001, 78), was wiederum am vorgestellten Geschäftsmodell von PayPal validiert werden konnte. Genauso sind hier Skalenvorteile beim Clearing (Stehling/Moormann 2001, 21) ein kritischer Erfolgsfaktor.

4.3 Zukünftige Entwicklung

Für die Zukunft wird vermutet, dass eine Weiterentwicklung der Bestehenden Anwendungen in Richtung Web 2.0 für den Erhalt des Erfolges nötig sein wird (Messerschmidt/Berger/Skiera 2010, 47ff.). Dabei sollen etwa durch Widgets und Podcasts eine stärkere Interaktion und Leistungstiefe entstehen. Ebenso wichtig wird der Übergang zum M-Commerce, bei dem den mobilen Zahlungsverkehrsdienstleistungen das größte Potenzial beigemessen wird (Kolbe et al. 2001, 76-77).

5 Literaturverzeichnis

Allen, F.; McAndrews, J.; Strahan, P. (2002): E-Finance: An Introduction, Journal of Financial Services Research, (2002) Nr. 22, S. 5-27.

Bitz, M.; Stark, G. (2008): Finanzdienstleistungen – Darstellung, Analyse, Kritik 8. Aufl., Oldenbourg Wissenschaftsverlag GmbH, München 2008.

Claessens, S.; Glaessner, T.; Klingebiel, D. (2002): Electronic Finance: Reshaping the Financial Landscape Around the World, Journal of Financial Services Research, (2002) Nr. 22, S. 29-61.

Clemons, E.; Hitt, L.; Gu, B.; Thatcher, M.; Weber, B. (2002): Impacts of E-Commerce and Enhanced Information Endowments on Financial Services: A Quantitative Analysis of Transparency, Differential Pricing, and Disintermediation, Journal of Financial Research, (2002) Nr. 22, S. 73-90.

Dabous, F.; Rabhi, F. (2008): Information Systems and IT Architectures for Securities Trading, Handbook on Information Technology in Finance, 2008, S. 29-50.

DKB AG (2010): Über uns – Kurzportrait der DKB. In: http://www.dkb.de/ueber_uns, zugegriffen 06.01.2011.

Flatex AG (2010a): Unternehmen. In: http://www.flatex.de/investor-relations/unternehmen.html, zugegriffen am 04.01.2011.

Flatex AG (2010b): Jahresfinanzbericht 2009, Kulmbach 2010.

Flatex AG (2010c): Halbjahresbericht 2010, Kulmbach 2010.

Harris, L. (2002): Trading and Exchanges, Oxford University Press, New York 2002.

HUK-Coburg Versicherungsgruppe (2010): Konzernbericht 2009, Coburg 2010, S. 19-47.

Klein, W. (2006): Produkt- und Vertriebsinformationen als Wachstumstreiber, In: die strukturelle Ertragsschwäche der Banken Hrsg.: Tietmeyer, H.; Rolfes, B., Gabler, Wiesbaden 2006, S. 60-70.

Kolbe, L.; Buchholz, R.; Költzsch, T.; Hofmann, C. (2001): Geschäftspotenziale für Finanzdienstleister im M-Commerce, Information Management & Consulting, (2001) Nr. 16, S. 76-83.

Kühner, A. (2010): Wie viel Bank braucht der Mensch in Zukunft?, Bankmagazin, (2010) Nr. 1.11, S. 8.

Kundisch, D.; Krammer, A. (2006): Transaktionshäufigkeit als Indikator für die Angebotsgestaltung bei deutschen Online-Brokern, Der Markt, Vol. 45 (2006) Nr. 176, S. 20-38.

Lindstädt, H.; Habermann, T. (2003): E-Business bei Finanzdienstleistern – warum dominieren integrierte Modelle?, Leipzig 2003.

Maaß, C. (2008): E-Business Management, Lucius und Lucius, Stuttgart 2008.

Messerschmidt, C.; Berger, S.; Skiera, B. (2010): Web 2.0 im Retail Banking: Einsatzmöglichkeiten, Praxisbeispiele und empirische Nutzeranalyse, Gabler, 2010.

Meyer, T. (2010): Mehrheit der Bankkunden recherchiert online – Ergebnisse einer Clickstream-Analyse, Deutsche Bank Research, Frankfurt am Main, Economics – Digitale Ökonomie und struktureller Wandel, Vol. 79 (2010).

PayPal Europe S.à r.l. & Cie, S.C.A. (2010): Über uns. In: https://www.paypal.com/de/cgi-bin/webscr?cmd=p/gen/about-outside, zugegriffen am 17.12.2010.

Preissl, B. (2003): E-business in Service Industries: Usage patterns and service gaps, DIW, Berlin 2003.

Schüler, M. (2002): Integration of the European Market for E-Finance – Evidence from Online Brokerage, Zentrum für Europäische Wirtschaftsforschung GmbH, Mannheim 2002.

Statista GmbH (2010): Marktanteile in der Lebensversicherung – 2009. In: http://de.statista.com/statistik/daten/studie/167180/umfrage/top-30-lebensversicherungen-in-deutschland-nach-marktanteil/, zugegriffen am 20.12.2010.

Stehling, F.; Moormann, J. (2001): Strategic Positioning of E-Commerce Business Models in the Portfolio of Corporate Banking, Hochschule für Bankwirtschaft, Frankfurt am Main, 2001.

Stopka, U.; Urban, T. (2005): Erklärungsmodell zur Beurteilung der Betriebswirtschaftlichen Vorteilhaftigkeit von E-Business-Transaktionen im BTOC-Bereich unter besonderer Berücksichtigung der Gestaltung des Frontend-Bereiches, Diskussionsbeiträge aus dem Institut für Wirtschaft und Verkehr, Technische Universität Dresden, 2005 Nr. 2.

Wirtz, B.; Vogt, P.; Denger, K. (2001): Electronic Business in der Versicherungswirtschaft, Zeitschrift für die gesamte Versicherungswirtschaft, Vol. 90 (2001) Nr. 1, S. 161-190.

www.ingramcontent.com/pod-product-compliance
Lightning Source LLC
La Vergne TN
LVHW042319060326
832902LV00010B/1593